AF349481

ULYSSE

DANS L'ISLE DE CIRCÉE,

BALLET SÉRIEUX,

HÉROI-PANTOMIME.

De la Compofition du Sieur PITROT, premier Danfeur, Maître des Ballets, & Directeur de l'Académie-Royale de feu S. M. le Roi de Pologne, Électeur de Saxe.

Répréfenté pour la premiere fois, à Paris, fur le Théâtre des Comédiens Italiens ordinaires du Roi, le 24 Octobre 1764.

M. D. CC. LXIV.

AU PUBLIC.

*M*ESSIEURS,

VOUS êtes les Juges & les Protecteurs des Talens : vous les voyez naître ; vous les encouragez ; vous les éclairez, & ils se forment pour vous plaire. Vous seuls avez des droits sur leurs hommages, & c'est à vous que j'adresse les miens. Vous avez daigné m'accueillir, lorsque sur la fin de l'année 1758, j'ai présenté à vos yeux les Ballets héroïques de *Télemaque dans l'Isle de Calypso* ; *du Sultan généreux* ; *de la Dispute des Faunes & des*

Bergers, *pour les Amadryades*, *&c.* Et je viens aujourd'hui foumettre à vos lumieres celui d'*Ulyffe dans l'Ifle de Circée*. Ce genre de Ballets, en action & en expreffion, long-temps inconnu dans la Capitale, demande, vous le favez, une expofition, une intrigue, des fituations, un dé-nouement : j'ai fait tous mes efforts pour réunir ces quatre par-ties effentielles ; & les fuffrages que vous m'avez accordés, m'ont fait croire que j'avois rempli, du moins à quelques égards, l'idée que vous aviez conçue de mes Poëmes ; je fens combien ils font loin encore de la perfec-tion : mais ma docilité à fuivre vos confeils toujours fages & réfléchis, à me conformer à votre goût toujours sûr, y aura bien-tôt corrigé ce que vous y trouverez de défectueux. Cependant plus j'apporterai de soin à la composition de ces Poëmes, & plus l'exécution en deviendra difficile. Il faut de l'ame, du sentiment, de la pratique, pour en saisir & en rendre les nuances & les finesses ; en un mot, il faut des Acteurs. De quelle indulgence, MESSIEURS, ne vont donc pas avoir besoin des Danseurs & des Danseuses, qui, accoutumés à figurer dans de petits divertissemens, ne connoissent point encore cette expression nécessaire dans les Ballets que je vais donner. Ces Danseurs & ces Danseu-

ſes, animés du zéle le plus ar-
dent, ont recours à vos bontés :
vous ne les refuſez jamais à ceux
qui ont envie de réuſſir ; & je
les ſollicite pour eux, & ſur-tout
pour moi, que des affaires &
quelques accidens ont obligé de
négliger un talent, que l'on n'en-
tretient, & que l'on n'augmente
que par un exercice continuel.
J'oſe me flater des plus grands
ſuccès, Messieurs, ſi un travail
aſſidu, ſi un dévouement entier
à vos moindres volontés, ſi le
deſir enfin que j'ai de vous amu-
ſer & de vous intéreſſer, ſuffiſent
pour les mériter.

ACTEURS DU BALLET.

ULYSSE, *Roi d'Ithaque.*   M. Pitrot, l'aîné.

CIRCÉE, *fille du Soleil &*
fameuse Magicienne.   Mde. Pitrot.

CHEFS DES MATELOTS.

Mrs. Berquelaure, Reftier, Grenier, Gignet, Salpetier, Bataille.

GUERRIERS DE LA SUITE
D'ULYSSE.

Mrs. Leclerc, Clauffe, Guillet, Auger, Bertinazzi, Defombrages, Beaupré, Dorigni.

NYMPHES COMPAGNES
DE CIRCÉE.

Mlles. RIVIERE.   CARLIN.

AUTRES NYMPHES.

Mlles. Louife Rey, Mion Rey, Dumalgé, Dubuiffon, Lefevre, Colombe, Dauviliers, Marlet, Verdot, Desjardins, Galodier, Marquife.

PETITS AMOURS, JEUX
ET PLAISIRS.

Mrs. Alix.	Mlles. Le Roi.
Simonnet.	Audinot.
Beaulieu.	Dervieux.
Romain.	Adelaïde.

Plufieurs Comparfes en Guerriers & Matelots de la fuite d'Ulyffe, dont une partie eft transformée en Bêtes féroces par le pouvoir de Circée.

Premiere Décoration du Ballet.

Le Théâtre repréfente, fur le devant, une grande Forêt parfemée de quelques Bofquets agréables: dans le fond l'on voit la Mer entourée de Rochers efcarpés.

Deuxieme Décoration.

Le Théâtre repréfente, fur le devant, un Jardin magnifique, aboutiffant à un Parterre qui conduit au Palais enchanté de Circée.

Troifieme Décoration.

Même bois de la premiere Décoration, & la Mer qui fe couvre des Vaiffeaux de la Flotte d'Ulyffe.

ARGUMENT.

ULYSSE, Roi d'Ithaque, fut un de ceux qui contribuerent le plus à la deſtruction de la fameuſe ville de Troye. Peu de tems après cette deſtruction, il remonta ſur ſes Vaiſſeaux pour retourner dans ſa Patrie ; mais la Divinité, qui lui étoit contraire, fit ſuſciter des vents & des tempêtes qui l'obligerent de relâcher dans une Iſle habitée par la Déeſſe Circée, fameuſe Enchantereſſe.

C'eſt ici que commence l'action repréſentée par le Ballet.

Avant d'aborder ſur le rivage,

Ulyſſe envoie quelques-uns de ſes Compagnons pour reconnoître l'Iſle. Ces Guerriers rencontrent Circée ; lui découvrent qui ils ſont, & lui apprennent que le grand Ulyſſe, Roi d'Ithaque, eſt avec eux : elle témoigne beaucoup de plaiſir à les voir, & leur offre toute ſorte de rafraîchiſſemens. Ils les acceptent ; & auſſi-tôt qu'ils ont bû certain breuvage qu'elle leur fait donner, ils ſe trouvent transformés, les uns en Statues, & d'autres en Bêtes féroces, comme Lions, Tigres, Ours, Loups & Sangliers. Ulyſſe ne les voyant point revenir, fait mettre une Chaloupe en Mer pour les venir chercher ; mais auſſi-tôt qu'il y entre, cette Chaloupe eſt changée en un Char tiré par des chevaux marins. La Mer à l'inſtant ſe couvre de Tritons & de Néréïdes, qui compofent un Concert avec des Conques Marines. Circée reçoit Ulyffe avec de grandes démonftrations de joie, tandis que fes Nymphes s'empreffent autour des Chefs des Matelots. Dans le moment qu'ils font arrivés, la Mer & les Rivages fe changent en un lieu de délices, où l'on voit un Palais & des Jardins magnifiques. Ulyffe eft étonné de ces enchantemens ; mais comme il a vû que cela s'eft fait par un feul coup de baguette, il commence à croire qu'il eft chez une Magicienne : furpris de plus en plus de n'appercevoir qu'une partie de fes Compagnons, il foupçonne qu'ils font métamorphofés ; & que fi cela eft, il ne pourra les délivrer que par rufes. Pour en favoir la vérité, il feint d'être amoureux de Circée, & ordonne aux Matelots de fa fuite de former, avec les Nym-

phes du lieu, des danfes & des jeux pour la divertir. Circée, qui a fenti la plus vive paffion pour Ulyffe dans le premier moment qu'elle l'a vû, cherche les moyens de fe l'attacher pour toujours. Elle fuppofe avoir quelques ordres à donner dans fon Palais, & fe fait fuivre par fes Nymphes & par les Matelots de la fuite du Roi : prétexte dont elle fe fert pour aller compofer un breuvage qui foit capable de l'arrêter auprès d'elle autant de tems qu'elle le défirera.

Ulyffe fe voyant feul, profite de ce moment pour chercher les Guerriers qu'il avoit envoyés à la découverte de l'Ifle ; & s'approchant, par hazard, de quelques Statues, il entend des fons mal articulés, qui lui font comprendre que fes fideles Ithaciens ont été ainfi métamorphofés. Un inftant après, il voit venir à lui des bêtes féroces, qui, au lieu de vouloir l'effrayer, femblent lui faire des careffes : il reconnoît aifément que ce font encore là quelques-uns de fes Compagnons, ce qui le met au défefpoir; mais la réflexion lui revient, & il fonge à employer quelque rufe pour les délivrer, & fe fauver lui-même des périls dont il eft menacé. Circée revient bientôt accompagnée des mêmes Perfonnes avec qui elle s'étoit retirée dans fon Palais; & voyant à Ulyffe un air chagrin, elle l'attribue au féjour que la tempête le force de faire dans fon Ifle, lui propofe de prendre du repos, dont elle croit qu'il doit avoir befoin, & lui offre des rafraîchiffemens, parmi lefquels eft le breuvage qu'elle lui a préparé. Mais Ulyffe, qui fe défie de tout, fait évi-

ter de le prendre, & feint si bien,
qu'elle le croit aussi amoureux d'elle
qu'elle le desire : elle fait aussi-tôt pa-
roître une Troupe de petits Amours
qui, avec des guirlandes de fleurs forment des danses charmantes, pen-
dant lesquelles Ulysse a l'adresse
d'obtenir de Circée la baguette ma-
gique, dont il se sert bientôt pour
faire cesser ces enchantemens, &
rendre la premiere forme à ses Compagnons : le Palais, les Jardins, tout
s'évanouit en un clin d'œil ; l'on voit
à leur place reparoître la Mer cou-
verte des Vaisseaux d'Ulysse, dans
lesquels il court s'embarquer. Ses
Guerriers brûlants de se venger des
enchantemens de la Magicienne, em-
menent ses Nymphes avec eux : Circée veut s'y opposer, & est arrêtée
par un coup de baguette. La flotte se
met en mouvement, & on la perd

bientôt de vûe. Circée ainſi abandon-
née, ſe livre à ſon déſeſpoir : elle
décrit quelques ſignes magiques, à
la fin deſquels paroît un Char traîné
par des Dragons aîlés qui vomiſſent
feu & flâme. Le Ciel s'obſcurcit ; les
éclairs brillent ; le tonnerre gronde ;
au milieu de ce fracas épouvantable,
Circée monte avec précipitation
ſur ſon Char, fend les airs, & vole à
la ſuite de ſon Amant.

F I N.

Lû & approuvé, ce 14 Novembre 1764.
M A R I N.

Vû l'Approbation, permis de repréſenter &
d'imprimer. Ce 18 Novembre 1764.
DE SARTINE.